Corona Duplex Candidae Vitae, Ac Abbatialis Vittae, Venerando Gisberti Vertici Imposita

Gisbert Halloint

In the interest of creating a more extensive selection of rare historical book reprints, we have chosen to reproduce this title even though it may possibly have occasional imperfections such as missing and blurred pages, missing text, poor pictures, markings, dark backgrounds and other reproduction issues beyond our control. Because this work is culturally important, we have made it available as a part of our commitment to protecting, preserving and promoting the world's literature. Thank you for your understanding.

CORONA DUPLEX

CanDIDæ VItæ, aC AbbatIaLIs VIttæ,

VeneranDo gIsbertI VertICI

IMposIta;

SIVE

RELIGIOSÆ ET CANONICÆ VITÆ

In Sacro Præmonstratensi Ordine peractæ

ANNUS QUINQUAGESIMUS,

NEC NON

ABBATIALIS DIGNITATIS

ANNUS VIGESIMUS QUINTUS,

UTERQUE

Reverendissimo ac Amplissimo Domino

GISBERTO HALLOINT

Abbatiæ Averbodiensis Abbati Dignissimo.

JUBILÆUS

10 Octobris 1773.

AD LEMMA SCUTI GENTILITII REVERENDISSIMI JUBILARII.

CHRONICON.

CanDIDUs et VeLoX DICerIs.

EXEGESIS.

Candidum PRÆSUL geris usque pectus,
Candidam & Vestem; micat ore *Candor*:
Candidum numquid benè Lemma dixit?
　　　Candor es ipse.

Rite *Velocem* quoque Te vocavit;
Rebus es *Velox* etenim gerendis,
Atque *Veloci* stimulo tepentes
　　　Acriter urges.

Candidus quo quis magis est, putatur
Esse *Versutus* minùs, atque simplex
Dicitur Vulgo, Egregiisque agendis
　　　Cæditur Impar.

Ast tuus *Candor* benè copulatur
Astui, quantùm licet Æquitate:
Nempe Serpentes Deus & Columbas
　　　Nos Jubet esse.

Qui magis *Velox*, minùs esse *Prudens*
Fertur; Errori quoque subjacere:
Tu tamen *Velox* simul atque *prudens*.
　　　Lemma sit ergo:

LEMMA CHRONOGRAPHICUM.

CanDIDè　　　VersUtè
et
VeLoCIter　　proVIDè

PARÆNESIS AD MUSAM.

Jam pennas accincta novas, plaudensque per Oras
    Fama Brabantinas Legiacasque volat;
GISBERTIque Sacros in Relligione Triumphos
    Inflatâ volitans clangit ubique tubâ.
Fama volans cantat; residens Tu *Musa* silebis?
    Nudane spectatrix Jubila nulla dabis?
Musa times? credo. Gemino patieris ab hoste;
    Alter Aristarchus, Zoïlus alter erit.
Illius aculeos, istiusve anxia morsus
    Non nisi spernendo vincere *Musa* potes.
Et spernes, scio. Sed tantis quia Laudibus impar,
    Excusas Vires *Musa* pusilla tuas.
Virtutum hanc, fateor, dignè enodare catenam
    Hoc opus hic labor est: sed siluisse pudor.
Hinc pudor, inde Labor: sic hæres anxia, *Musa*:
    Semita calcanda est ista vel illa tamen.
Si taceas, cum sit ratio tam justa loquendi,
    Officio deëris rustica *Musa* tuo.
Si loqueris, te Virtutum mox dicet ineptam
    Tota cohors tanti laudibus esse Viri.
Una tamen reliquas comitata *Modestia* plaudet;
    Et *Nimis est* dicet, qualiacumque dabis.
Musa sub illius tutam Te protegis umbra;
    Illa laboranti prompta parabit opem.
Ergo rumpe moras audax, Plectrumque capesse;
    Et quem *Fama* canit, concine *Musa* Virum.

PANEGYRIS.

Andem læta dies votis plus mille petita
Illuxit! tandem meruit quæ præmia Virtus
Accipit! haud frustra nos tot suspiria Cœlo
Misimus, haud frustra toties pulsavimus astra,
Haud frustra pia thura Sacris libavimus Aris,
Ne *Libitina* adeò pretiosæ stamina vitæ
Rumperet. En, Superi auscultant, oculoque benigno
Nos DEUS aspectans, geminâ geminata colentis
JUBILA GISBERTI redimiri Tempora Lauro
Concedit; quem Lustra decem jam fovit alumnum
Candida Relligio, Lustris cui quinque decorat
Infula gesta comas. Tu terque quaterque beata
Tolle Caput Cœlo, Caput AVERBODIA tolle
Agniferum, latèque suos vocalia spargant
Æra sonos, repleantque cavas tinnitibus auras.
Ecce! in vicinis habitat quæ collibus Echo
Jubila conduplicat, lætoque repercutit ore;
Et læto nemus omne sonat resonatque boatu.
Audiat hæc utinam spumosi *Antverpia Scaldis*
Accola, nec lætis spatium clangoribus obsit!
Audiat hæc utinam qui Sedes incolit illas
Sub Duce NORBERTO nivei (*) MARCELLUS ad Oram
Scaldiacam Rector Cœtûs, Reverentia vultum
Ipsa cui finxit, quemque *Averbodia* PATREM
Et vocat & colit ABBATEM, cui grata caterva

(*) *Reverendiss. D. Abbas S. Michaëlis Antverpiæ.*

Nos sumus, & nobis quo non dilectior alter!
Fallor, an audivit? Quam pulchrè hîc omnia nostris
Respondent votis! datur illius Ora tueri,
Optatoque frui Vultu. MARCELLE parata
Te vocat Ara, Sacroque sonans modulamine Templum.
Hostia mittenda est, celsum quæ scandat Olympum,
Pro tot collatis TRIADI latura Supremæ
Muneribus grates; utque ulteriora benignâ
Concessis benefacta manu velit addere, multis
Et non frustrandis exoratura Tonantis
Ante Thronum precibus se sistat. Carbasa Sacra
Indue MARCELLE, auratis te vestibus orna;
Pontificale Decus mitramque Pedumque capesse,
Atque ministrantûm Turbâ stipatus ad Aras
Procede ornatas: est Hostia præsto, tuasque
Expectat mittenda manus, missuraque verba.
Fallor, an optatos se nunciat illa remissa
Sortitam effectus? Pleno nunc gutture Laudes
Et grates Superis referens hic insonet Hymnus,
TEque DEUM Vox, TEque DEUM tota Organa clangant.
Intereà Tu *Musa* virum, qui hæc Jubila confert,
Concine GISBERTUM; promissum solve, quibusque
Ille modis Sacros meritus sit pande Triumphos.
Non Genus & Proavos, aut quæ non feceris ipse
Hîc memoro. Ah! valeat quisquis Nil præter avorum
Ceras Laudis habet, Titulisque incumbit avitis.
Ast Tu (quæ Laus est vera & pulcherrima) cunctis
Actibus à puero Virtutem jungere noras,
Et Famam propriis GISBERTE extendere Factis.
Felix nostra Domus! sibi visa beatior ipsa,
Dum talem Hospitio Gremioque recepit Alumnum;

Quem non ambitio, non Famæ dira Cupido,
Non ventris rabidi Ingluvies, nec avarus habendi
Huc minavit amor: sed quem Sanctissima duxit
Relligio, primis Custos Fidissima ab annis,
Cui Comites aderant Pietas non ficta, Fidesque,
Et bona Pax animi, & puræ bona gaudia mentis,
Clara Rudimenti ponens primordia Sacri,
Sub nivea niveam latitantem veste decorat
Omnigena Virtute animam, perque ardua quæque
Coelestes Palmas Sanctis sub Legibus ambit.
Stat Facies Index animi, proditque latentes
Divitias, mentis spirat subtilis acumen,
Et dignum ostendit quondam ad Majora vocari.
Pulchra minabaris jam tum GISBERTE, sibique
Nostra Domus multum à tanto spondebat Alumno.
Tempus & eventus sensim promissa probarunt.
(*) Cantoris dum munus obis, quæ gratia vocis!   (*) Reverendissimus D. Jubilarius fuit Cantor.
Quæ Vis, dum resonat! concessum hoc munus ab alto
Crediderim; neque enim præstantior extitit umquam,
Imperitare Choris, & Corda accendere Cantu,
Justosque ad numeros vocem qui flectere norit.
Gutturis haud parcus, totum reboare Tonantis
Laude facis Templum, nequaquam Incommoda curans
Panica, pulmones pigros & vocis avaros
Admirabilibus torquere doloribus apta.
Hinc Tibi grandævo, cœlesti munere, Cantûs
Vox manet ipsa sibi pretium, & juvenilia necdum
Voce gravi & grata prosternere pectora cessas.
Exultat (*) Curtumque Nemus sibi longius esse   (*) Pœnitentiarius in Korten-Bosch.
Auctius atque Tuo GISBERTE labore videtur;
Nec frustra: novit, pridem qui floruit illic,

CHRISTIPARÆ Cultum per Te non segniter auctum.
Ecce (*)! *Nemus Nemori* gestit succedere plausu   (*) *Vicarius in Keyser-bosch.*
Cæsareum Curto, parilemque affundere Laudem,
Virgineus crebra dum Cœtus voce recantat
Impensas pro se curas, latosque labores.
Cantabo majora. Vigil GISBERTE (*) *Prioris*   (*) *Prior.*
Munus obis, semper Recti inflammatus amore.
Hîc Fervor durans, hîc observantia Legum
Exemplo stimulans, discreti hîc pondera lucent
Judicii, & ratio prudens in rebus agendis;
Et, ne multa loquar, Pectus Virtute repletum.
Quo-Tu-cumque oculos, gressum quocumque ferebas,
Divinum afflabas Pulchræ Virtutis amorem.
Talem (*) *Rummenses* nobis rapuistis; ovile   (*) *Pastor in Rummen.*
Ut vestrum regeret *Pastor*: rexitque beatè.
Pavit inaudita (quis nescit ?) sedulitate,
Voce manuque Gregem. Nunc ægrum pectore forti
Morbum ferre docet, morbique incommoda mulcet;
Nunc indefesso partes pede currit in omnes,
Et si fortè aliquis per Saxa vepresque vagetur,
Ad caulas multo miroque labore reducit;
Nunc hebetes Animos, quosque Ignorantia velat,
Quæque Scienda docet; nunc inveterata malorum
Importunè instans minimè fert corda ruinæ
Tam prope stare suæ. Tantos GISBERTE Labores
Dum pro se latos memori Grex mente revolvit;
Te medicum ægrotus dicit, Te pauper & Orbus
Patrem, Patronum mulier viduata marito,
Et dicunt miseri sua Te solatia cuncti.
Cætera plebs omnis Pastorem dicit amicum,
Grexque sibi totus Pastorem dicit amatum.

Janua clausa quidem pellebat limine Fures,
Omnibus illa tamen referata patebat honestis,
Et facilis præbebat iter. Nec mensa sedile,
Aut Orbem, aut nitidum cuiquam mantile negabat;
Lauta sed hospitibus venientibus Offa dabatur,
Lautior ast illis, eadem quos Regula Tecum
Junxerat. Hospitii Sacras hinc discat avarus
Rite sequi Leges; Bellumque indicere nummis,
Illos turmatim captivos mittere in arcam,
Ac ærugineis cesset circumdare vinclis.
Intereà dirum *Libitina* tetenderat arcum,
Telumque emisit magno fatale (*) SIMONI,   (*) *Reverendiss.*
Doctrinæ quem Fama Sacræ super æthera tollit,   *D. Simon Braun-*
Quæ tamen haud potuit lethale avertere telum.   *man prædecessor.*
Sicut fida Virum dolet Uxor nuper ademtum,
Filius aut Patrem, tenera tener indole natus
Ut jubet affectus, Naturæ & postulat Ordo;
BRAUNMANNUM flebas sic *Averbodia* raptum,
Lugebasque diem non consolabilis atram.
Siste pias Lacrymas, siste *Averbodia* Luctus!
Sic jubet ætherea SIMON jam Sede receptus.
Scilicet ipse tuis monstrans transmittit habenis
GISBERTUM post se capiendis. Annuit Æther,
Annuit & Votis subitò Rex illa Virilis
Hungaridum, Stupor *Europæ*, Magna illa *THERESA*:
GISBERTUM, dixit, chara *Averbodia* plenis
Abbatem Tibi Tu votis exposcis; habeto:
Aptior haud alter, non alter Dignior illo est.
O qualem te pauca Virum, at plenissima Succo
Verba ferunt tantæ prolata Viraginis ore!
O quali se Teste probat tua Gloria! sed Tu

Heu ! nimiùm Tibi diffisus, pulchroque decorus
Imbre reluctaris, Fastumque in Honore vereris.
Aurea simplicitas, fastûs inimica superbi,
Sic auges meritum, scandis sic inscia culmen,
Concessosque ultrò fugiendo mereris honores !
Quam vellet premere hanc animam, qua se altior effert
Invitus reliquos supra, minor ipse videri,
Et sese celare sibi, & prodesse latendo !
Fata volenti obstant, nolenti Gloria crescit.
Qualis ubi flos ille tener, cui plurima Virtus
Intus inest, molli primùm caput exerit herba;
Et quamquam ipse suos jam tum præsentit honores,
Vixdum se reliquis crescendo Floribus æquat:
At postquam Solem accepit, nonampliùs ille
Se celare potest, ad amicæ munera Lucis
Sublimè erectus socios premit undique Flores
Ornatu Foliorum; alto se vertice sursum
Tollentem Sol almus amat, formansque tuendo
Dat totum durare jubar, radiisque Coronat.
Talis eras GISBERTE, tuus Virtute coruscus
Ultra dum nequiit Vertex, licet ipse latere
Vellet; sponte illum veluti Sol Infula cinxit.
Hoc pretium Virtutis, inemptæ hæc Gloria Famæ est.
Non ego Virtutum hîc totas intendo catenas
Nectere, Virtutes Virtutibus addere; fiat
Ne repetita nimis (paradoxum!) nausea Virtus:
Ast aliis Gemmis lubet exornare Tiaram,
Præclaris Gestis; quæ quinque illustria Lustra,
Queis Mitram gestas, Fama plaudente tulerunt.
A Jove principium : Sacras primò, inde profanas
Pulchris à Factis nectat Tibi *Musa* Coronas.

Materies primi princeps mihi carminis Ara.
Hæc longo exesâ stabat jam tempore pallâ,
Annorumque situ & ruga deformis anili
Squalebat socias inter despectior Aras.
Vidisti sortem miserans GISBERTE, statimque
Induit illa novos per Te pulcherrima vultus:
Quæque obversa olim spectantum terga ferebat,
Nunc Oculos in se rapit omnes. Ecce! columnas
Sex alabastrites, quibus emicat alta, ministrat;
Et niveas offert sculptas utrimque Figuras;
Dum Pario & vario vastissima marmore moles
Affabrè facta, oculis pulchrè se cætera pandit:
Pulchriùs & sese nuper, velamine moto
Aspectûs partem sorbente, expandere cœpit.
Principium Sacri fuit hæc GISBERTE Laboris
Ara superba tui. Non hîc stetit ille, sed ultra
Prosiluit: sic marmoreum surrexit in altum
Nuper vestibulum (Superi, quæ quantaque moles!)
Auspiciis GISBERTE tuis. Nec Sacra quiescit
Cura, pavimentum spectabile debet adesse;
Cujus materiæ dubites an præmia formæ
Obveniant, pulchri Vis tanta Decoris utrique est.
Hæc tua sunt Opera, hæc serò peritura laboris
Sunt monimenta Tui; me clamant altius ista,
Eloquioque licet muto confundere *Musam*
Norunt Saxa meam. Admirans tu *Musa* subinde
Aspice, pumiceo longoque labore politus
Ut sese objiciat *Gypsus*, fulgore corusco
Et gelido Tactu fallens oculosque manusque!
Frigore nempe nihil cedit frigentibus illis
Marmoribus, *Sparta* & *Pariis* quæ oriuntur in hortis:

Ast ea mirifico post se splendore relinquens,
Haud impar audet Speculo certare polito.
Ille columnarum murorumque ordine longo
Dum piceus rutilansque bases, diversicolorque
Portarum postes Capitellaque vestit & Arcus,
Dumque brevi geminas pulchra Aras proferet arte;
Te quoque Laude nova exornat GISBERTE, tuumque
Pro Sacris Sacrum clangit nova buccina zelum.
Aspice vestibulo superinsistentia, quanto
Organa sese oculis dent aspectanda Decore!
Quot stanno fusos, quo purius *Anglia* nescit,
Mirando fulgore tubos pulchro ordine monstrent!
Dum pressi inflato solvuntur carcere venti,
Acceptaque melos pro libertate rependunt;
Quam vario GISBERTE Sacras modulamine Curas
Mille tubis Laudesque tuas tacta Organa clangunt!
Audiat hæc; calamum victus *Pan* franget agrestem;
Quam longè hæc, dicens, quam longè hæc fistula nostræ
Præstat septiforæ, cunctasque triumphat avenas!
Audiat *Amphion*; lapides & Saxa moveri
Cantibus Organicis his posse fatebitur ultro.
Audiat hæc *Orpheus*; cytharam plectrumque reponet,
Conjugis & sortem miseratus denuò, dicet:
Certiùs his tetro revocata fuisset ab orco
Cantibus *Eurydice*. GISBERTUM hæc Organa clamant,
Et *Gisbertino* dicunt se debita zelo.
Quo properas? Divumne cupis sic linquere Fanum?
Quæ primo memoranda loco Tibi *Musa* fuissent,
Illa silendo premes? Geminas sine Laude repostas
(Salvificam CHRISTI cœnam, illiusque figuram)
Picturas mea *Musa* sines? Quas auspice nostro

GISBERTO *Zeuxis* vel *Apellis* jure putetur
Divina pinxisse manu; quibus Ara triumphans
Summa satellitibus (tantus decor Artis in illis)
Ornatumque auget, Majestatemque tuetur;
Illasne indictas planè, & sine Laude relinques?
Ergo *Musa* redi: saltem spectare juvabit,
Quod numquam dignis poteris depromere verbis.
Icariæ ne sume Alas: contenta videndo,
Artem indicibilem supplex mirare latentem.
Quot tamen hic cernes distinctos arte colores,
Tot dic. (*) *Haghenii* animus ingeniosa merenti
Mansura expressit GISBERTO encomia Laudum,
Totque suo expressit Graphis inclyta Mecænati.
Si licet exemplis in parvo grandibus uti,
Cur non utar ego? Cur non GISBERTE *Maroni*
Haghenium, Graphidemque ejus calamo illius æquem?
Cur *Mecænati* Tu non æquaberis ipse?
Nam nisi *Virgilio* stimulos ansamque dedisset
Mecænas, fortassis adhuc ignota jaceret,
Pascua, Rura Ducesque canens Divina *Maronis*
Musa, Decus latiæ nunc indelebile linguæ.
Sic nisi GISBERTUS stimulos ansamque dedisset
(Dixero pace tua *Hagheni*) fortasse lateret
Illa per *Europen* tua nunc celeberrima totam,
Quamque *Asia* atque *Novus* quondam mirabitur *Orbis*,
Proxima *Apelleæ* Graphis, & mansura per ævum.
Lovanii vivus (dixit non nemo) sepultus
Et nunc fortè fores, plaudit cui *Roma*, *Vienna*
Quem stupet, & reliquis præfert Pictoribus unum.
Teque tuamque Artem stupuit cum Cæsare Mater,
(In pretio cui sunt Artes, qua vindice crescunt,

(*) *P. J. Verhaghen, Archotanus habitans Lovanii, Pictor excellentissimus.*

Ast ea mirifico post se splendore relinquens,
Haud impar audet Speculo certare polito.
Ille columnarum murorumque ordine longo
Dum piceus rutilansque bases, diversicolorque
Portarum postes Capitellaque vestit & Arcus,
Dumque brevi geminas pulchra Aras proferet arte;
Te quoque Laude nova exornat GISBERTE, tuumque
Pro Sacris Sacrum clangit nova buccina zelum.
Aspice vestibulo superinsistentia, quanto
Organa sese oculis dent aspectanda Decore!
Quot stanno fusos, quo purius *Anglia* nescit,
Mirando fulgore tubos pulchro ordine monstrent!
Dum pressi inflato solvuntur carcere venti,
Acceptaque melos pro libertate rependunt;
Quam vario GISBERTE Sacras modulamine Curas
Mille tubis Laudesque tuas tacta Organa clangunt!
Audiat hæc; calamum victus *Pan* franget agrestem;
Quam longè hæc, dicens, quam longè hæc fistula nostræ
Præstat septiforæ, cunctasque triumphat avenas!
Audiat *Amphion*; lapides & Saxa moveri
Cantibus Organicis his posse fatebitur ultro.
Audiat hæc *Orpheus*; cytharam plectrumque reponet,
Conjugis & sortem miseratus denuò, dicet:
Certiùs his tetro revocata fuisset ab orco
Cantibus *Eurydice*. GISBERTUM hæc Organa clamant,
Et *Gisbertino* dicunt se debita zelo.
Quo properas? Divumne cupis sic linquere Fanum?
Quæ primo memoranda loco Tibi *Musa* fuissent,
Illa silendo premes? Geminas sine Laude repostas
(Salvificam CHRISTI cœnam, illiusque figuram)
Picturas mea *Musa* sines? Quas auspice nostro

GISBERTO Zeuxis vel Apelles jure putetur
Divina pinxisse manu; quibus Ara triumphans
Summa satellitibus (tantus decor Artis in illis)
Ornatumque auget, Majestatemque tuetur;
Illasne indictas planè, & sine Laude relinques?
Ergo *Musa* redi: saltem spectare juvabit,
Quod numquam dignis poteris depromere verbis.
Icariae ne sume Alas: contenta videndo,
Artem indicibilem supplex mirare latentem.
Quot tamen hîc cernes distinctos arte colores,
Tot dic, (*) *Haghenii* manus ingeniosa merenti
Mansura expressit GISBERTO encomia Laudum,
Totque suo expressit Graphis inclyta Mecænati.
Si licet exemplis in parvo grandibus uti,
Cur non utar ego? Cur non GISBERTE *Maroni*
Haghenium, Graphidemque ejus calamo illius æquem?
Cur *Mecænati* Tu non æquaberis ipse?
Nam nisi *Virgilio* stimulos ansamque dedisset
Mecænas, fortassis adhuc ignota jaceret,
Pascua, Rura Ducesque canens Divina *Maronis*
Musa, Decus latiæ nunc indelebile linguæ.
Sic nisi GISBERTUS stimulos ansamque dedisset
(Dixero pace tua *Hagheni*) fortasse lateret
Illa per *Europen* tua nunc celeberrima totam,
Quamque *Asia* atque *Novus* quondam mirabitur *Orbis*,
Proxima *Apelleæ* Graphis, & mansura per ævum.
Lovanii vivus (dixit non nemo) sepultus
Et nunc fortè fores, plaudit cui *Roma*, *Vienna*
Quem stupet, & reliquis præfert Pictoribus unum.
Teque tuamque Artem stupuit cum Cæsare Mater,
(In pretio cui sunt Artes, qua vindice crescunt,

(*) *P. J. Verhaghen, Archotanus habitans Lovanii, Pictor excellentissimus.*

Quæ meritos illis numquam non folvit honores)
Quemque ex auditu quondam Romana ftuporem
Paffa fuit Soror illa *Augufti Octavia*, eumdem
Paffa fuit vix non ex vifu Augufta THERESA
Augufti Mater; tam conftans tota Tabellæ
Lumine inhærebat fixo. Sic Gloria crefcit,
Sicque tua *Hagheni* crefcit quoque Fama, fibique
Vendicat ex illis haud parvas Gloria noftri
GISBERTI partes. I nunc, fectabor euntem
Mufa; fed ante Fores greffum compefce, duafque
Arrige campanis & cede fonantibus aures.
Quam vario dulcique melos latè æthera complent
Cum tot campanis tot Tintinnabula, quando
Tympanon illa movet vicibus quamque octo per horam,
Centum malleolis per ferrea fila retractis!
Reticulato opere, & fufum rutilante metallo
Tympanon hoc nuper GISBERTI munere Sedem
In turri pofuit, juftoque volubile motu
Campanas animat cogitque ad fidera nomen
GISBERTI Harmonica toties attollere voce.
Intereà, lætis quando fua Jubila promunt
Æra canora fonis, fpatiari *Mufa* juvabit
Per virides Sylvas; nifi laffa quiefcere malis,
Vicinæ & mecum Tiliæ refidere fub umbra.
Et video, refidere cupis. Memorabo fedenti
(Tuque aliis narra) quæ oculis atque auribus haufi.
Cum nuper greffum nemoris per opaca trahebam,
Et facili Sacrum meditabar *Apolline* carmen :
Ecce! fub umbrofa *Dryadum* Chorus ilice, pulchro
Ordine per Circum molli confedit in herba.
Una *Dryas*, reliquis quæ Majeftate præibat,

Arboreis Solium conscendit textile ramis.
Conticuère omnes, intentæque ora tenebant,
Illa Throno residens quando sic ore profata est:
„GISBERTO date Serta Deæ, ramoque virenti
„O nemorum *Nymphæ* meritam præcingite frontem!
„GISBERTI fuimus primaria Cura laborque,
„Primus amor *Lustris* fuimus jam *quinque*, sorores,
„Multa quibus nostris adjecit jugera Regnis,
„(Et multa adjiciet, Spe non lactamur inani)
„Antiquisque novas, frondosa palatia, Sylvas.
„Aridum Ericetum, sine fruge, sine arbore tellus
„Hæc erat, & steriles *Lybiæ* referebat arenas,
„Ille loci genium explorans, labor improbus, inquit,
„Omnia si vincit, cur non Sola scrupea vincet?
„Emendata signo, & crebro versata ligone,
„Vomere scissa priùs, durisque exercita rastris
„Mitescet tellus, primævi oblita rigoris.
„Quod si opus est, plenis meliorem adferre canistris
„Glebam, quæ succo foveat potiore tenellas
„Radicum fibras; tandem ut Natura labori
„Artifici cedat, Glebæ quoque plaustra ferentur.
„Illius ad jussum innumeræ sub viscera terræ
„(Spes Sylvæ ingentis) lati per jugera campi
„Mittuntur Glandes, multusque à caudice sectus
„Trunculus inseritur; viridis quibus usque genista,
„Ne nimio Sole arescant, umbracula præbens
„Conservat succum. Juvenes plantantur ubique,
„Dantque viam quercus per longos ordine Tractus.
„Hæc nuper sterilis (tantum nunc distat ab illa)
„Se non agnoscit tellus, dum Fagus & Ulmus,
„Dumque Abies, Alnus, Corylusque & Frangula & Ornus,

,, Fraxinus, & multùm pueris exosa petulcis
,, Betula cum reliquis, quæ longum est nomine fari,
,, Virgultis illam viridanti tegmine obumbrant:
,, Dum tot Aves jam læta fovet, quæ mille canoris
,, Vocibus arbusta & dulci modulamine replent.
,, Has nos incolimus GISBERTI munere Sedes.
,, Tempus erit, nostris quo Carmina læta sub umbris
,, Cantabunt Vates, Facundaque plectra movebunt:
,, Tum GISBERTUM omnis, GISBERTUM sylva sonabit,
,, Dum certatim illum tollentes plausibus omnes
,, Exemplum ostendent seris imitabile Sæclis.
,, Vos modò pro tanto recinentes munere Grates,
,, GISBERTO date Serta Deæ, ramoque virenti
,, O nemorum *Nymphæ* meritam præcingite frontem.
Sermonem verbis, fuerat quibus orsa profari,
Finiit, & *Dryadi Dryades* plausêre profanti.
Pace tua facunda *Dryas*, non omne tulisti
Dicendo Punctum. Tu grata & dulcia vobis
Voce quidem promis, retices ast utile nobis.
Aurea nimirùm venietque argentea quondam
Messis ab Arboribus: tenues attollere ramos
Quas cernis Quercus, olim illis Robora tempus
Esse dabit, molesque graves fulcire, molasque.
Felix posteritas, quæ argentea Sæcula vives!
Da victas Chymista manus, agnosce Chymiæ
Utile simplicioris opus, stultoque labore
Desine materiam susque omnem vertere deque,
Et Cerebrum nummisque graves vacuare crumenas,
Jactatum toties nequicquam *Philosophalem*
Quærendo *Lapidem*! Manet irreperibilis: aurum
Perdis, ut invenias. GISBERTE (ita dicere fas sit)

Quanto Tu potiùs de stercore prolicis Aurum!
Quot jam conspicio nova Templa! Intùsque forisque
Structuras quot specto novas, quot specto novatas!
Hæc sese objiciunt cantanda, sed obstat avarum
Heu! Nimis hîc tempus, Musæque silentia mandat.
Hæc tamen illa canet, plaudens dum JUBILA cernet
Plena tuæ *vitæ* GISBERTE *Sacerdotalis*.
Perge SENEX Venerande, ausis ingentibus imple
Grande Ministerium, novus exactoque labori
Succedat cum Laude labor; Seniumque coronans
Gloria longinquas Famam compellat ad oras,
Interque ABBATES cedat Tibi nobile nomen.
Præmonstratenses ter Tres *Brabantia* monstrat
Mitrâ conspicuos, quos limite continet ipsa;
Deque Novem *Niveæ* (*) Tres ornant JUBILA *Vestis*.
E tribus his nostræ non parvo jure Camænæ
Tu memorandus ades multùm dilecte SIARDE,
Qui GISBERTINI testis cupis esse Triumphi,
Quemque Mitræ Socium, gaudes & habere Senectæ.
Te *DEUS* incolumem servet, (*) quatuorque peractis
Post bis tres annos quintam det jungere *Quartam*.
GISBERTUS jam *Quartus* adest, eademque Trophæa
Quæ reliquis, ipsi Senium Venerabile confert,
Et sua plaudit ei *Averbodia*. Proximus illi
(Præventura diem Superi Fata aspera rumpant!)
Tu MARCELLE venis; geminus cum fluxerit annus,
Augebis numerum. Tunc tota *Antverpia* plaudet,
Scaldis & ipse suos adjunget plausibus Urbis,
Fluctibus exultans, refluisque Superbior undis.
Hos MARCELLE Tibi grato *Averbodia* corde

(*) *Tres Abbates Jubilarii sunt: Grimbergensis, Tongerloënsis, Barnensis.*

(*) *Reverendiss. D. Siardus van den Nieuweneynde Abbas Tongerloënsis plenè Jubilavit Anno 1766.*

Unanimique vovet, vovet & mea *Musa* Triumphos.
Vos modò gratantes GISBERTO plaudite Fratres;
Et quot (*) MATHIAS, & quot (*) SERVATIUS olim
Hanc rexêre Domum vittâque Pedoque decori,
Illi tot Cœlum pluresque indulgeat annos,
Sique opus, è nostris addat, durate precando.
Plaudite Vos etiam, Vos plaudite quotquot adestis
De stirpe *Hallonidum*, seu quos *Romancia*, seu quos
Westerolana Domus genuit fœcunda Nepotes
Neptesque; HALLONIDI nostro qui sanguine juncti
Estis, & in partem Laudis decorisque venitis.
Vos celebrate diem, vestrisque inscribite Fastis,
Ulla nec è vestris oblivio Cordibus unquam
Deleat, ast memori maneat bene mente reposta;
Ætatique illàm vos ante inarate sequenti,
Quam capiat teneram pilæve Trochive voluptas,
Marmoreive globi, puerilia gaudia, Lusus.
Cumque recensebunt Patrum monumenta Nepotes,
Hic vir hic est, dicent, mitrâque pedoque coruscus;
Hic Vir hic est, quondam GISBERTUS relligiosæ
JUBILA qui *Vitæ* dedit & qui JUBILA *Vittæ*;
Hallonidum per quem Domus & stirps floret avita,
Nominis hic nostri Decus immortale manebit.
Jamque alios video non una in veste Poëtas
Afflatos propiore Deo, majore Cothurno
Atque laborato dicturos Carmine Laudes,
Quas nequiit mea *Musa*: jubent hi ponere Plectrum,
Pulchrior illorum Tibi Laus procedet ab ore;
Si tamen ulla Tibi major GISBERTE venire
Laus queat à verbis, qui tot laudaris ab actis:

(*) *Mathias Valentini Abbas XXXIII. præfuit Annis 44.*
(*) *Servatius Vaes Abbas XXXV præfuit Annis 52.*

Donec ~~eniat fubie fublimibus aëra columnis~~
Ædes Sacra Deo; donec pendentia Turri
Harmonicos illa Æra sonos vocalia spargent;
Donec dura *Nevis* stabunt sua robora *Sylvis*;
Semper Honos, Nomenque tuum, Laudesque manebunt;

CHRONO-RHYTHMUS.

POST JUbILa TERRENÂ
aCta ~~preCLaré~~ sCenâ,
In CoeLo LaUDe pLena
preCatUr stanDo Vena.

DEDICATORIA.

ReVeren~~DIssIMo~~ aBBatI sUo JUbILantI
aCCInIt,

et DICat appLaUDens ConVentUs
aVerboDIensIs.

VoX ConCorDIter hILarIUM.

I.
LÆtabunda Gens Hebræa
Buccinæ clangoribus
Sua statis *Jubilea*
Celebret temporibus:
Moſi nos non invidemus;
Sed sub Euangelio
Christiani cur cedemus
In tam pio prælio?

II.
ECce pulchris vecta rotis
Lux affulsit hodie,
Lux tot exoptata votis,
Causa lux Melodiæ!
Lucem illam celebremus
Dispellentem nubila,
Læti omnes buccinemus
GISBERTINA JUBILA.

III.
CAndidæ religionis
Annus *Quinquagesimus*,
Annus Infulationis
Quintus est *Vigesimus*:
Duplex ergo Jubilandi
Nos invitat ratio,
Verticique venerandi
Duplex Decoratio.

IV.
SOla virtus hos honores
PATRI nostro peperit;
Cœli raros hos favores
Per Virtutem reperit:
Ille tamen nil mutatus
Manet sibi similis,
Nec (ut quidam) exaltatus
Cessat esse humilis.

V.
CAndidum Te velut Cygnum
Quando Lemma posuit,
Ob Candorem esse dignum
His Coronis docuit:
Simplex, purum, & sincerum
Pectus Deo gratum est,
Hinc per apicem tot rerum
Ire Tibi datum est.

VI.
PErge Senex non cessando
In Virtute crescere;
Perge *Cœtum* illustrando
Niveum Senescere:
Perge Templum Decorare,
Zelus tuus Sacer est;
Perge Sylvas dilatare,
Spiritus dum acer est.

VII.
NOs ABBATI JUBILANTI
Gratulemur pariter,
Applaudamus bis Ovanti
Omnes unanimiter:
Cœli Januam pulsemus
Pro GISBERTO jugiter,
Summum Deum exoremus
Vivat ut feliciter.

VIII.
COr eructet Verbum bonum
Vivat Vir Amplissimus,
Augeatque guttur sonum
Nobis Dilectissimus;
Det finalem vocem lætam
Vivat Jubilarius,
(Noster amor nescit metam)
Fiat Millenarius.

CLangIt IDeM ConVentUs, QUI sUpra.

LOVANII, Typis JOANNIS JACOBS, plateâ Thenensi
sub signo Clavis Nigræ.

Printed by Libri Plureos GmbH in Hamburg, Germany